Impressum
Verlag: BABADADA GmbH, Nedderfeld 112 , 22529 Hamburg
Geschäftsführer / Verlagsleitung: Harald Hof
Druck: Books on Demand GmbH, In de Tarpen 42, 22848 Norderstedt

Imprint
Publisher: BABADADA GmbH, Nedderfeld 112 , 22529 Hamburg, Germany
Managing Director / Publishing direction: Harald Hof
Print: Books on Demand GmbH, In de Tarpen 42, 22848 Norderstedt, Germany

School

școală

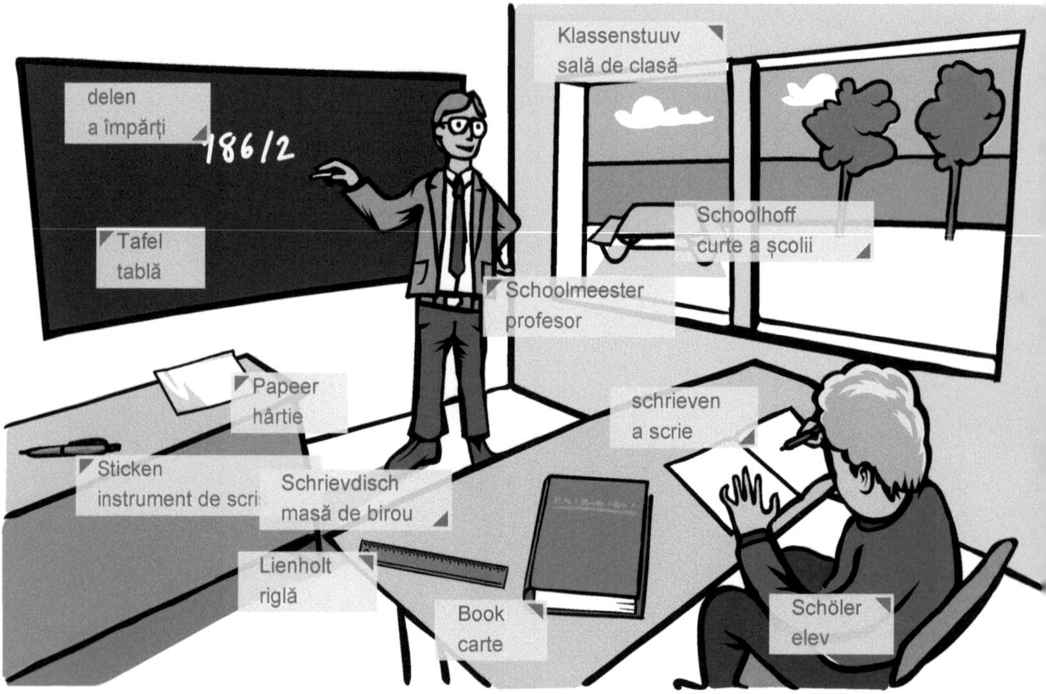
Klassenstuuv
sală de clasă
delen
a împărți
186/2
Tafel
tablă
Schoolhoff
curte a școlii
Schoolmeester
profesor
Papeer
hârtie
schrieven
a scrie
Sticken
instrument de scri
Schrievdisch
masă de birou
Lienholt
riglă
Book
carte
Schöler
elev

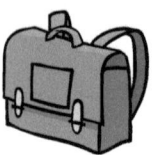

Ranzel

ghiozdan

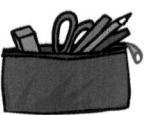

Feddermapp

penar

Bleesticken

creion

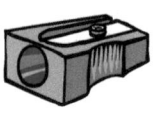

Scharpmaker

ascuțitoare

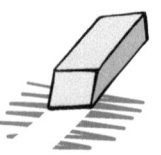

Radeergummi

radieră

Tekenblock

bloc de desen

Teken

desen

Pinsel

pensulă

Malkassen

cutie de acuarele

Scheer

foarfece

Klever

lipici

Heft to'n Öven

caiet de exerciții

Huusopgaav

temä

Tall

număr

tohooptellen

a aduna

aftrecken

a scădea

malnehmen

a multiplica

reken

a calcula

Bookstaav

literă

ABC

alfabet

Woort

cuvânt

Text

text

lesen

a citi

Kried

cretă

Stunn

oră

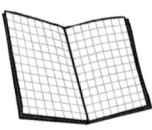

Klassenbook

catalog

Pröven

examen

Tüügnis

certificat

Schooluniform

uniformă școlară

Utbillen

educație

Nakieksel

enciclopedie

Universität

universitate

Mikroskop

microscop

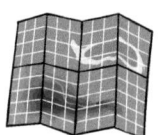

Koort

hartă

Papeerkorf

coș de gunoi

Törn
călătorie

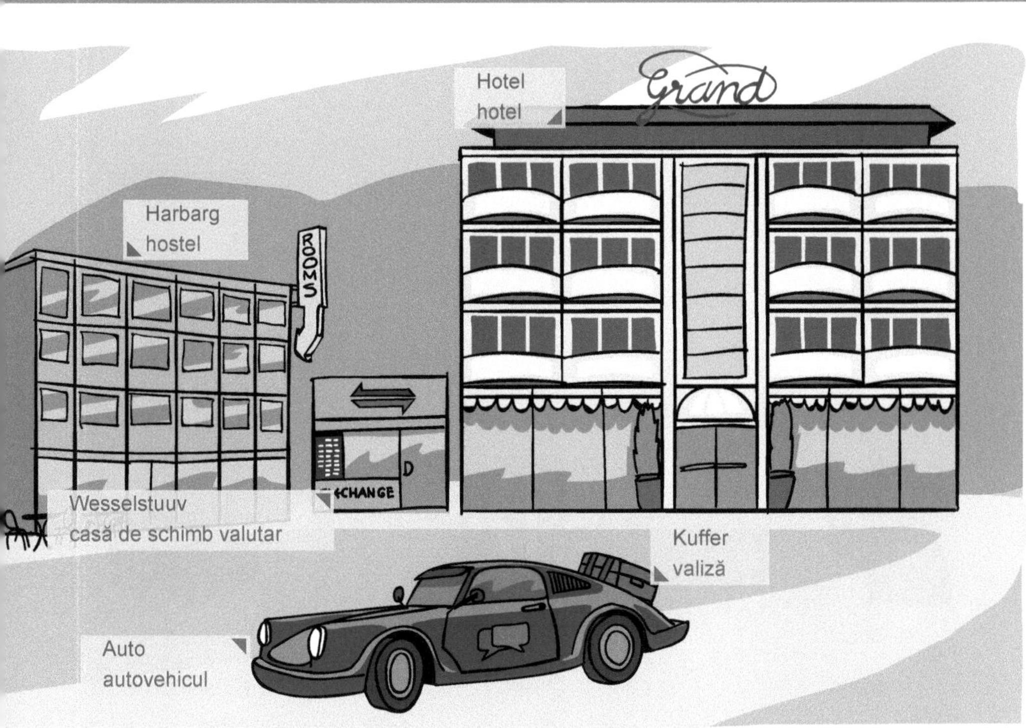
Hotel
hotel
Grand
Harbarg
hostel
ROOMS
EXCHANGE
Wesselstuuv
casă de schimb valutar
Kuffer
valiză
Auto
autovehicul

Spraak
limbă

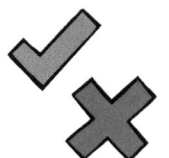

jo / ne
da/nu

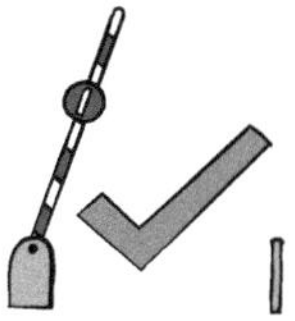

Jo
okay

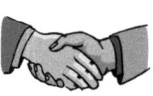

Moin
Bună!

Översetter
interpret

Dank ok
mulțumesc

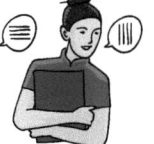

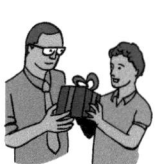

Wat kost...?

Cât costă...?

Ik verstah nich

Nu înțeleg

Problem

problemă

Goden Avend

Bună seara!

Moin!

Bună dimineața!

Gode Nacht!

Noapte bună!

Tschüüs

la revedere

Richt

direcție

Bagaasch

bagaj

Tasch

geantă

Rüchsack

rucsac

Gast

oaspete

Stuuv

cameră

Slaapsack

sac de dormit

Telt

cort

Touristeninformatschoon

punct de informare turistică

Strand

plajă

Kreditkoort

carte de credit

Fröhstück

mic dejun

Meddageten

masa de prânz

Avendeten

cină

Fohrkort

bilet de călătorie

Fohrstohl

lift

Breefmark

timbru poștal

Grenz

graniță

Toll

vamă

Bottschop

ambasadă

Visum

viză

Pass

pașaport

Transport

transport

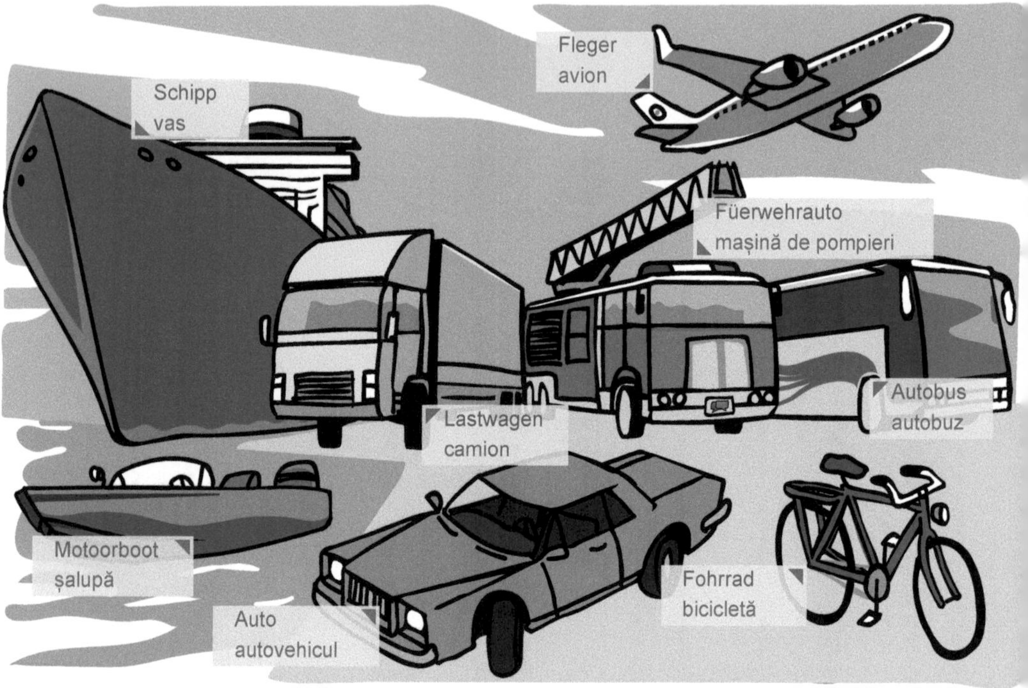

Fleger
avion

Schipp
vas

Füerwehrauto
mașină de pompieri

Autobus
autobuz

Lastwagen
camion

Motoorboot
șalupă

Fohrrad
bicicletă

Auto
autovehicul

Fähr

feribot

Boot

barcă

Motoorrad

motocicletă

Polizeiauto

mașină de poliție

Rönnauto

mașină de curse

Lehnwagen

mașină închiriată

Carsharing

car sharing

Afsleepwagen

mașină de tractat

Müllauto

mașină de gunoi

Motoor

motor

Kraftstoff

combustibil

Tanksteed

benzinărie

Verkehrsschild

semn de circulație

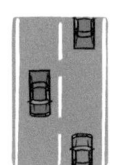

Verkehr

trafic

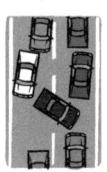

Stau

ambuteiaj

Afstellplatz

parcare

Bahnhoff

gară

Sporen

șine

Tog

tren

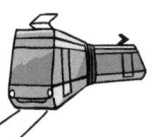

Stratenbahn

tramvai

Wagon

vagon

Dwarsmöhl

elicopter

Flooghaven

aeroport

Tower

turn

Fohrgast

pasager

Grootkist

container

Karton

carton

Koor

căruță

Korf

coș

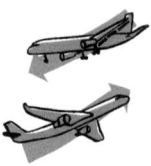

starten / lannen

a decola/a ateriza

Stadt

oraș

Dörp

sat

Binnenstadt

centru

Huus

casă

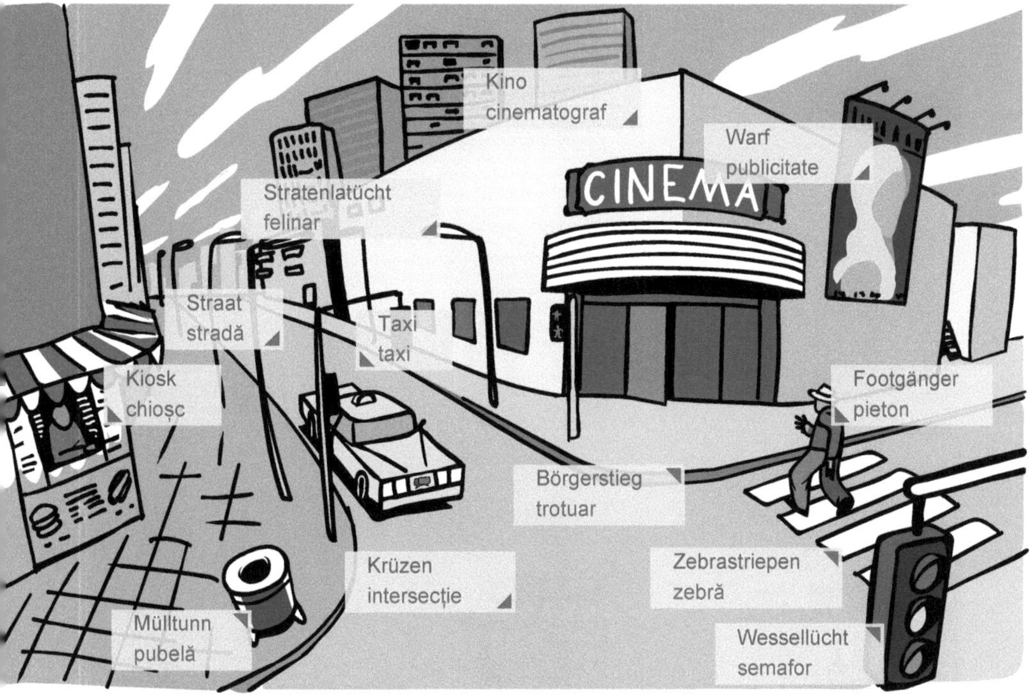

Kino
cinematograf

Warf
publicitate

Stratenlatücht
felinar

CINEMA

Straat
stradă

Taxi
taxi

Footgänger
pieton

Kiosk
chioșc

Börgerstieg
trotuar

Krüzen
intersecție

Zebrastriepen
zebră

Mülltunn
pubelă

Wessellücht
semafor

Hütt

cabană

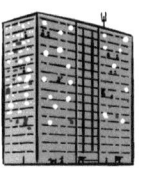

Wahnung

apartament

Bahnhoff

gară

Raathuus

primărie

Museum

muzeu

School

școală

Universität

universitate

Bank

bancă

Krankenhuus

spital

Hotel

hotel

Afteek

farmacie

Büro

birou

Bookhökerie

librărie

Hökerie

magazin

Blomenhökerie

florărie

Supermarkt

supermarket

Markt

piață

Koophuus

magazin universal

Fischhökerie

comerciant de pește

Inkoopszentrum

centru comercial

Haven

port

Parkanlaag

parc

Bank

bancă

Brüch

pod

Trepp

trepte

Ünnergrundbahn

metrou

Tunnel

tunel

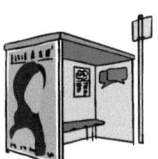

Busstoppsteed

stație de autobuz

Bar

bar

Spieslokal

restaurant

Breefkassen

cutie poștală

Stratenschild

tăbliță indicatoare cu
numele străzii

Parkklock

parcometru

Deertenpark

grădină zoologică

Baadanstalt

piscină

Moschee

moschee

Buernhoff

gospodărie țărănească

Ümweltversmudden

poluare

Karkhoff

cimitir

Kark

biserică

Speelplatz

loc de joacă

Tempel

templu

Landschop
peisaj

Blatt
frunză

Wiespahl
indicator

Weg
drum

Wisch
pajiște

Steen
piatră

Boom
copac

Wannerer
drumeț

Fluss
râu

Gras
iarbă

Bloom
floare

Daal

vale

Barg

deal

See

lac

Holt

pădure

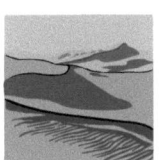

Wööst

deșert

Füerspien Barg

vulcan

Slott

castel

Regenbagen

curcubeu

Poggenstohl

ciupercă

Palm

palmier

Steekmück

țânțar

Fleeg

muscă

Miegeemk

furnică

Imm

albină

Spinn

păianjen

Sebber

gândac

Pogg

broască

Katteker

veveriță

Swienegel

arici

Haas

iepure

Uul

bufniță

Vagel

pasăre

Swaan

lebădă

Wildswien

porc mistreț

Hirsch

cerb

Elk

elan

Staudamm

dig

Windrad

turbină eoliană

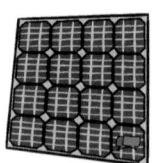

Solarmodul

panou solar

Klima

climă

Spieslokal
restaurant

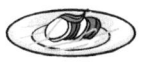

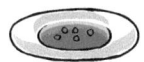

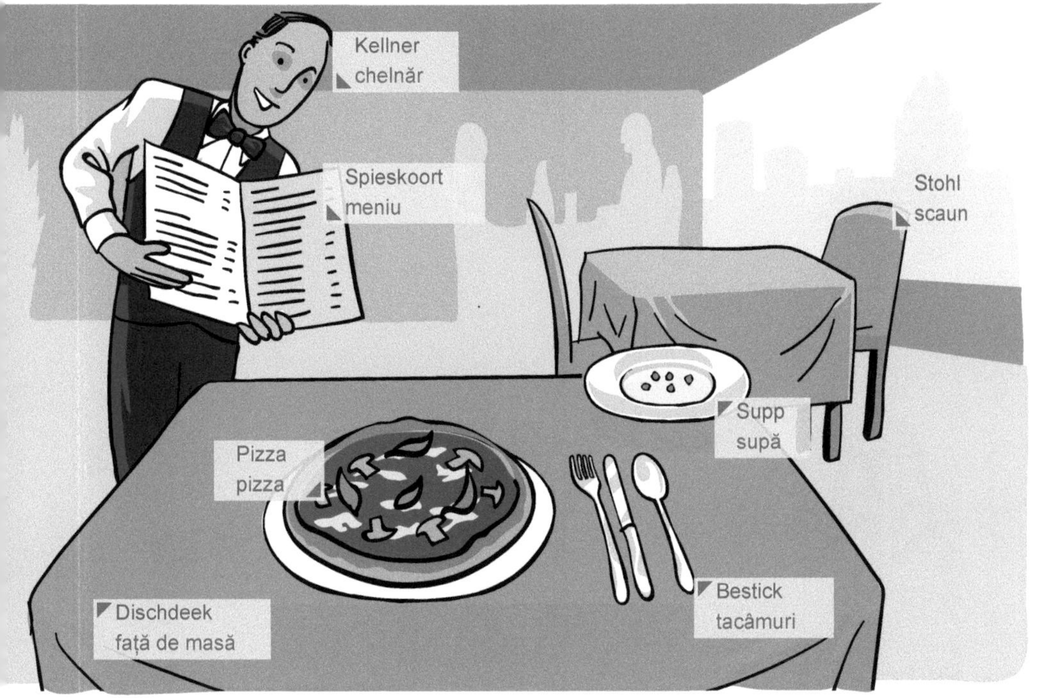
Kellner
chelnăr
Spieskoort
meniu
Stohl
scaun
Supp
supă
Pizza
pizza
Bestick
tacâmuri
Dischdeek
față de masă

Vörspies

antreu

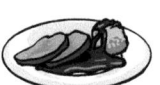

Haupteten

fel principal

Nadisch

desert

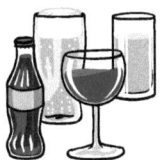

Drünk

băuturi

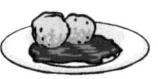

Eten

mâncare

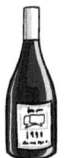

Buddel

sticlă

Fastfood

fastfood

Strateneten

streetfood

Teekann

ceainic

Zuckerdoos

zaharniță

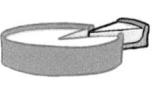

Portschoon

porție

Espressomaschien

espressor

Hoochstohl

scaun înalt (pentru copii)

Reken

factură

Tablett

tavă

Mess

cuțit

Gavel

furculiță

Lepel

lingură

Teelepel

linguriță

Munddook

șervețel

Glas

pahar

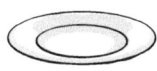

Töller

farfurie

Suppentöller

farfurie de supă

Ünnertass

farfurie

Sooß

sos

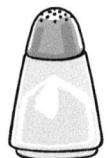

Soltstreuer

solniță

Pepermöhl

râșniță de piper

Etig

oțet

Ööl

ulei

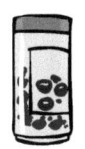

Krüder

condimente

Ketchup

ketchup

Mostrich

muștar

Mayonnaise

maioneză

Supermarkt
supermarket

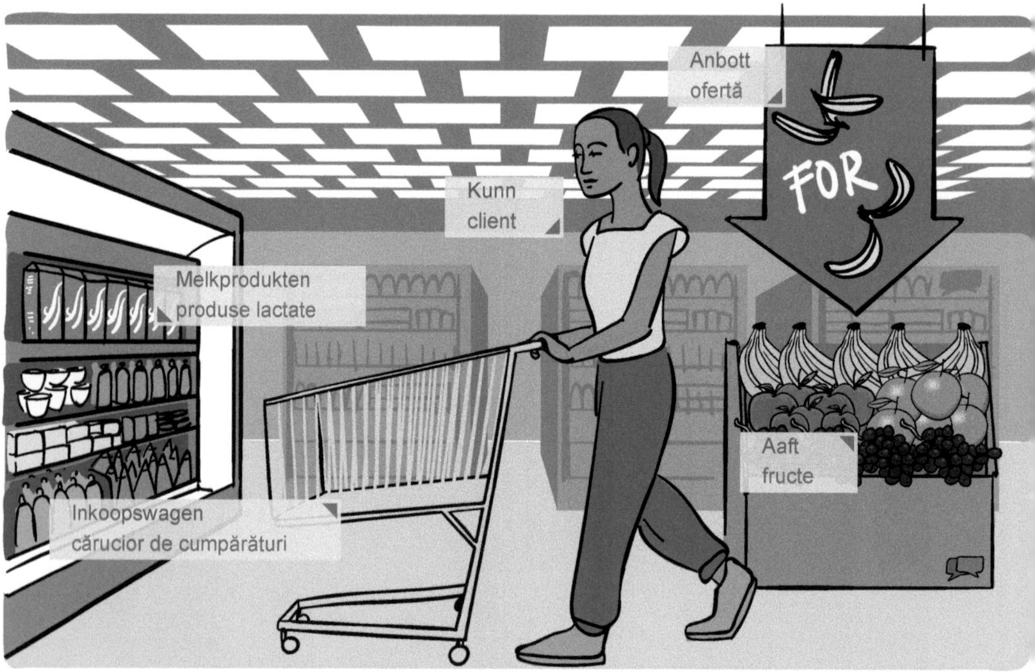

Anbott
ofertă
Kunn
client
FOR
Melkprodukten
produse lactate
Aaft
fructe
Inkoopswagen
cărucior de cumpărături

BUTCHERS

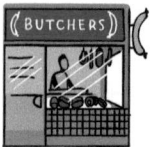

Slachterie

măcelărie

BAKERY

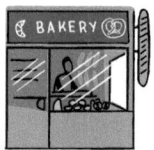

Bäckerie

brutărie

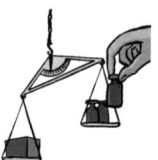

wegen

a cântări

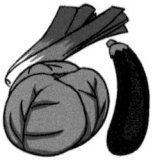

Gröönsaken

legume

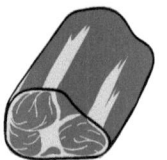

Fleesch

carne

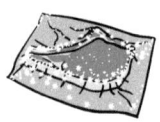

Deepköhlkost

alimente refrigerate

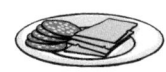

Opsnitt

mezeluri și brânzeturi feliate

Konserven

conserve

Waschmiddel

detergent

Snoopkraam

dulciuri

Huushooltssaken

articole de menaj

Reinmaaktüüch

produse de curățenie

Verköpersche

vânzătoare

Kass

casă

Kasserer

casier

Inkoopslist

listă de cumpărături

Opsparrtieden

orar

Breeftasch

portmoneu

Kreditkoort

carte de credit

Tasch

geantă

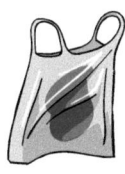

Plastiktüüt

pungă de plastic

Water

apă

Saft

suc

Melk

lapte

Cola

cola

Wien

vin

Beer

bere

Spriet

alcool

Kakao

cacao

Tee

ceai

Koffie

cafea

Espresso

espresso

Cappucino

cappucino

Banaan

banane

Appel

măr

Appelsien

portocală

Meloon

pepene

Zitroon

lămâie

Wöttel

morcov

Knuuvlook

usturoi

Bambus

bambus

Zibbel

ceapă

Poggenstohl

ciupercă

Nööt

nuci

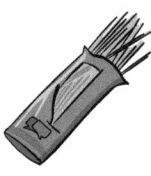

Nudeln

paste făinoase

Spaghetti

spagheti

Ries

orez

Salat

salată

Pommes frites

cartofi prăjiți

Braadkantüffeln

cartofi țărănești

Pizza

pizza

Hamborger

hamburger

Sandwich

sandwich

Snitzel

șnițel

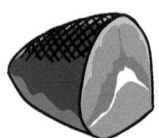

Schinken

șuncă

Salami

salam

Wust

cârnați

Hohn

pui

Braden

friptură

Fisch

pește

Haverflocken

fulgi de ovăz

Müsli

musli

Cornflakes

cereale

Mehl

făină

Croissant

corn

Rundstück

chifle

Broot

pâine

Toast

pâine prăjită

Keksen

biscuiți

Botter

unt

Quark

brânză de vaci

Koken

prăjitură

Ei

ou

Spegelei

ouă ochiuri

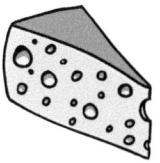

Kees

brânză

Ies

îngheţată

Zucker

zahăr

Honnig

miere

Marmelaad

marmeladă

Nougat-Creme

cremă nuga

Curry

curry

Eten - mâncare

Buernhoff
gospodărie țărănească

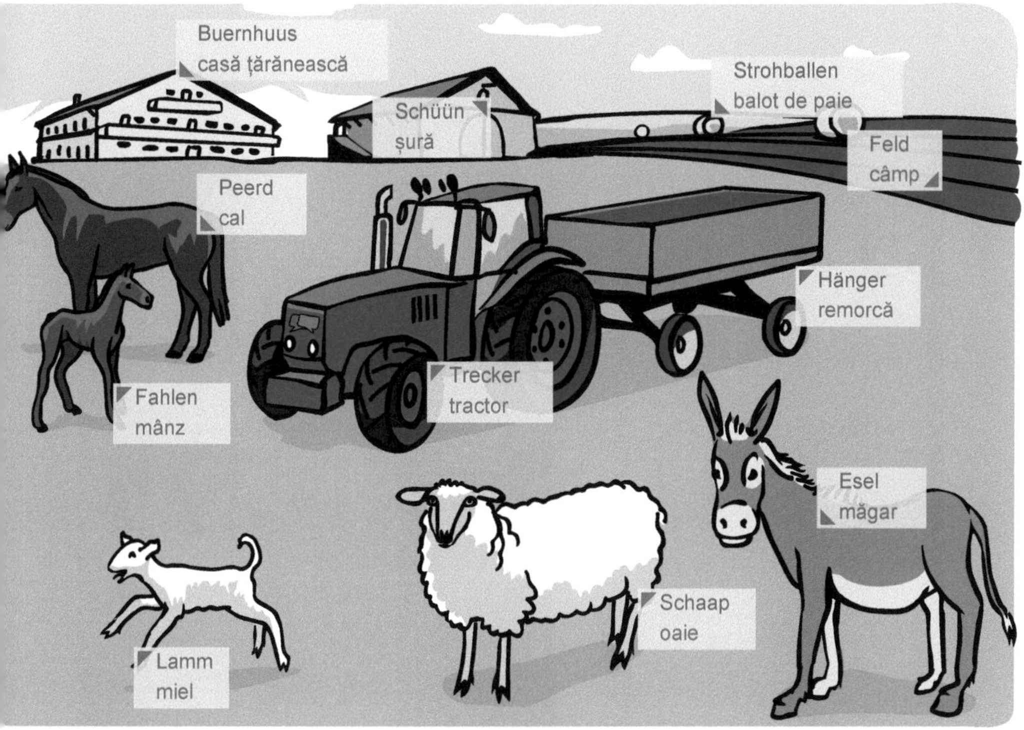

Buernhuus
casă țărănească
Schüün
șură
Strohballen
balot de paie
Feld
câmp
Peerd
cal
Hänger
remorcă
Trecker
tractor
Fahlen
mânz
Esel
măgar
Schaap
oaie
Lamm
miel

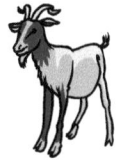

Zeeg
....
capră

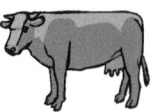

Koh
....
vacă

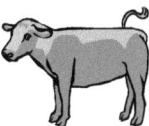

Kalf
....
vițel

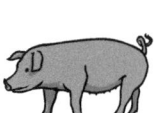

Swien
....
porc

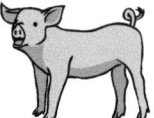

Farken
....
purcel

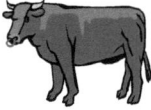

Bull
....
taur

Goos

găină

Aant

rață

Küken

pui

Hohn

găină

Hahn

cocoș

Rott

șobolan

Katt

pisică

Muus

șoarece

Oss

bou

Hund

câine

Hunnenhütt

cușcă

Goornslauch

furtun de grădină

Geetkann

stropitoare

Lee

coasă

Ploog

plug

Sich

seceră

Hack

sapă

Mestfork

furcă

Ext

secure

Schuufkoor

roabă

Trog

troacă

Melkkann

cană pentru lapte

Sack

sac

Tuun

gard

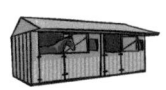

Stall

grajd

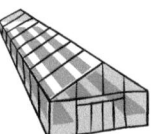

Drievhuus

seră

Bodden

sol

Saat

sămânță

Dünger

fertilizator

Meihdöscher

combină de treierat

oornen

a culege

Oorn

recoltă

Yamswöttel

cartof yam

Weten

grâu

Soja

soia

Kantüffel

cartof

Törksche Weten

porumb

Rapp

rapiță

Aaftboom

pom fructifer

Troopsch Kantüffel

manioc

Koorn

cereale

Huus
casă

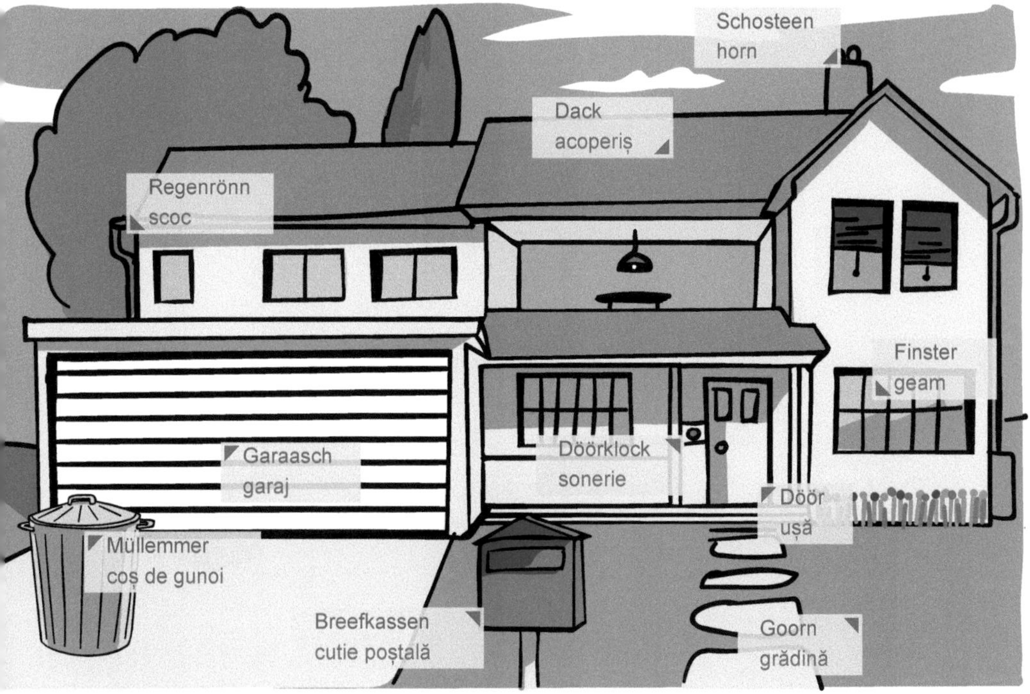

Schosteen
horn
Dack
acoperiș
Regenrönn
scoc
Finster
geam
Garaasch
garaj
Döörklock
sonerie
Dööр
ușă
Müllemmer
coș de gunoi
Breefkassen
cutie poștală
Goorn
grădină

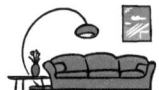

Wahnstuuv
camеră de zi

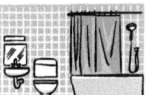

Baadstuuv
baie

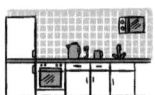

Köök
bucătărie

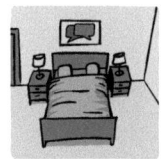

Slaapstuuv
dormitor

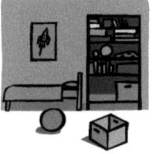

Kinnerstuuv
camera copiilor

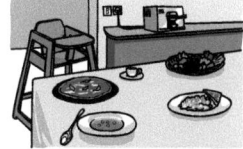

Eetstuuv
sufragerie

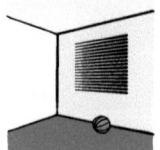

Footbodden

podea

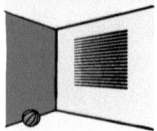

Wand

perete

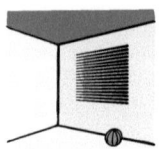

Deek

tavan

Keller

pivniță

Hittluftbad

saună

Balkon

balcon

Terrass

terasă

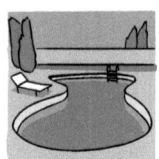

Swümmbad

piscină

Rasenmeiher

mașină de tuns iarba

Bettbetog

cearșaf

Bettdeek

cuvertură

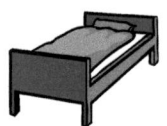

Puuch

pat

Bessen

mătură

Emmer

găleată

Schalter

întrerupător

Wahnstuuv
cameră de zi

Tapeet
tapet
Bild
pictură
Lamp
lampă
Regal
raft
Schapp
dulap
Kiekkassen
televizor
Kamin
șemineu
Bloom
floare
Küssen
pernă
Sofa
sofa
Vaas
vază
Feernbedenen
telecomandă

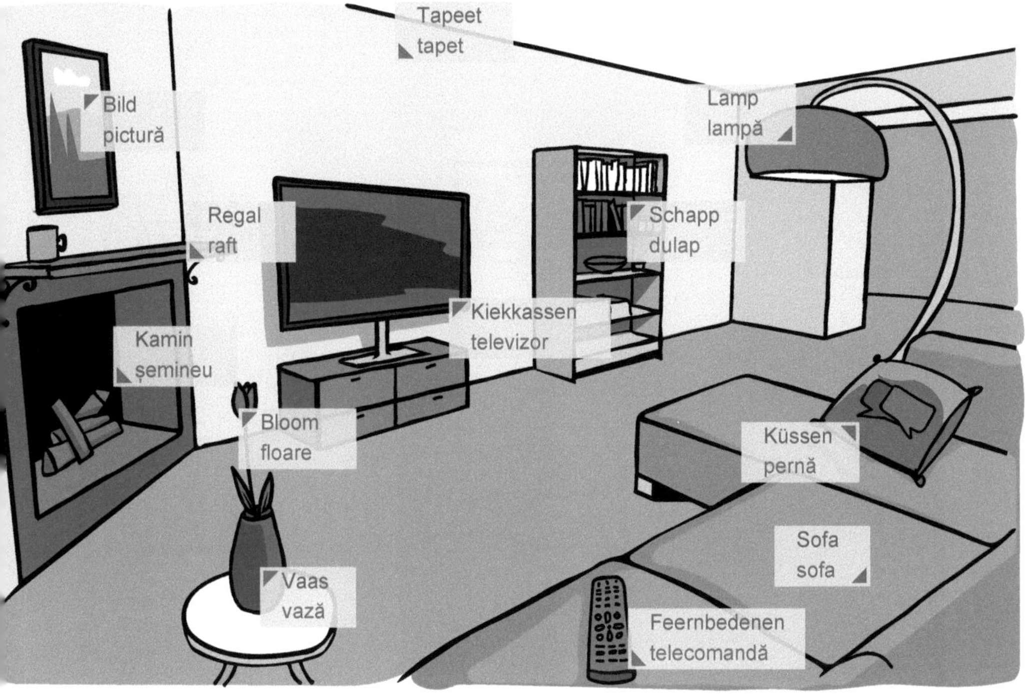

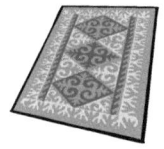

Teppich

covor

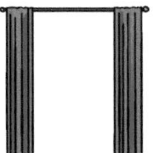

Vörhang

perdea

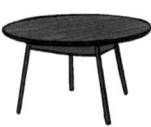

Disch

masă

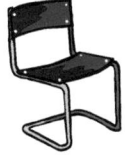

Stohl

scaun

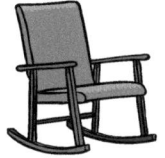

Schuckelstohl

balansoar

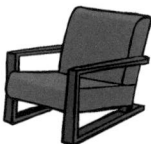

Sessel

fotoliu

Book

carte

Deek

pătură

Dekoratschoon

decoraţiune

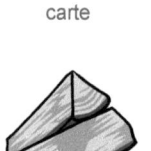

Füerholt

lemn de foc

Film

film

Stereoanlaag

instalaţie stereo

Slötel

cheie

Narichtenblatt

ziar

Gemälde

desen

Poster

poster

Radio

radio

Opschrievblock

caiet de notiţe

Huulbessen

aspirator

Kaktus

cactus

Kars

lumânare

Köök
bucătărie

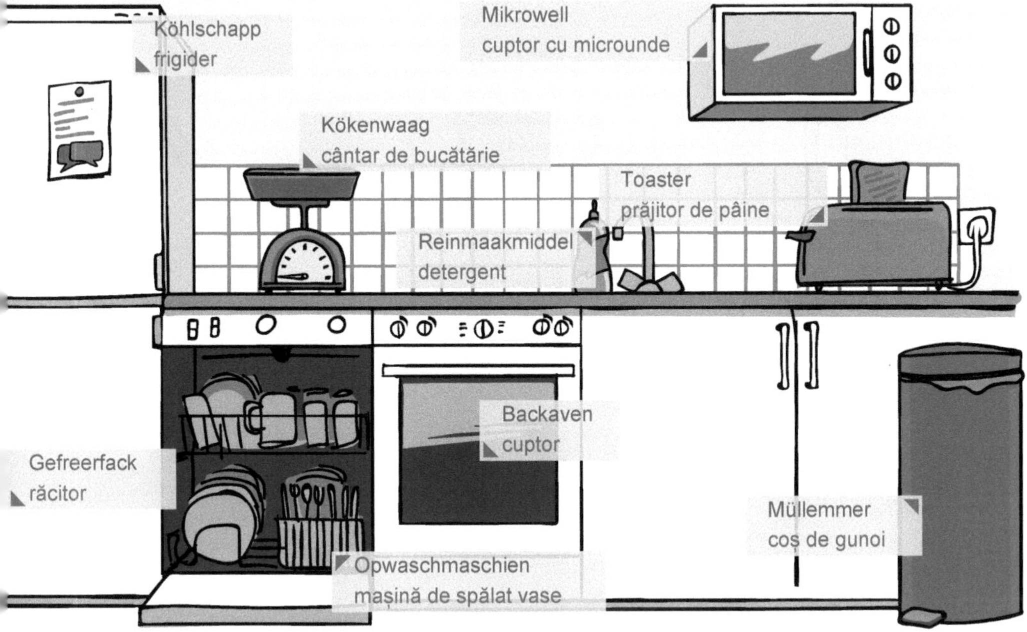
Köhlschapp
frigider
Mikrowell
cuptor cu microunde
Kökenwaag
cântar de bucătărie
Toaster
prăjitor de pâine
Reinmaakmiddel
detergent
Backaven
cuptor
Gefreerfack
răcitor
Müllemmer
coș de gunoi
Opwaschmaschien
mașină de spălat vase

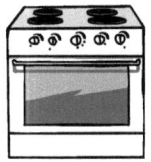

Heerd
cuptor

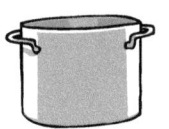

Pott
oală

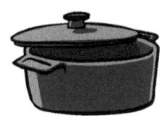

Gussiesern Putt
oală de metal

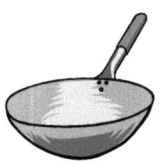

Wok / Kadai
wok/kadai

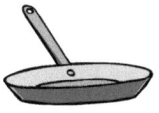

Pann
tigaie

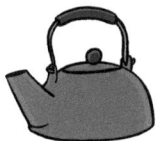

Waterkaker
ceainic

Dampkaakputt

oală de gătit cu aburi

Backblick

tavă de copt

Geschirr

veselă

Beker

pahar

Schaal

bol

Eetsticken

bețișoare

Suppenkell

polonic

Pannenwenner

spatulă

Sneebessen

tel

Kaakseef

sită

Seef

sită

Riev

răzătoare

Mörser

mojar

Grill

grătar

Füerstell

loc pentru grătar

Sniedbrett

tocător

Nudelholt

sucitor

Proppentrecker

tirbușon

Doos

conservă

Dosenaapner

deschizător de conserve

Pottlappen

șervete termice

Waschbecken

chiuvetă

Böst

perie

Swamm

burete

Mixer

mixer

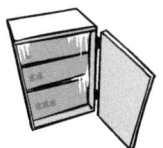

Iesschapp

ladă frigorifică

Nuckelbuddel

biberon

Waterhahn

robinet

Baadstuuv
baie

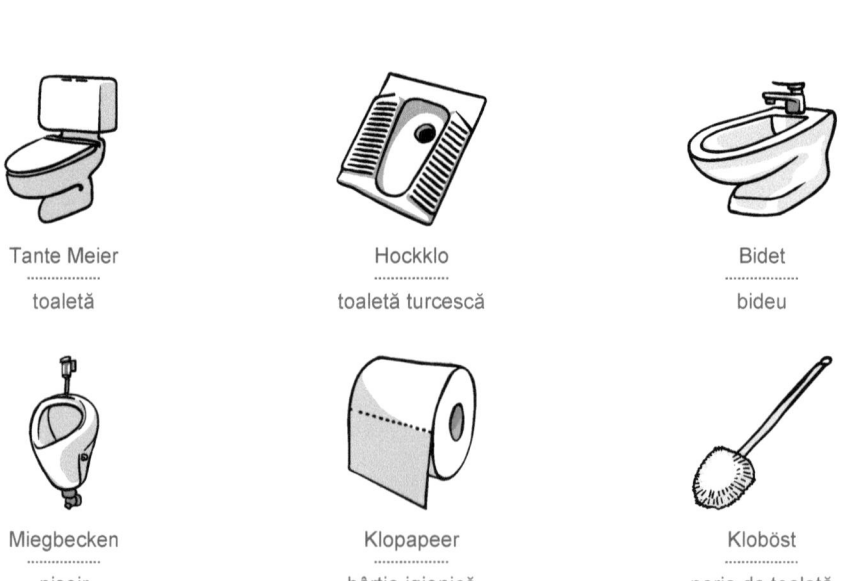

Heizung
încălzire
Handdook
prosop
Bruus
duș
Bruusvörhang
perdea de duș
Schuumbad
baie cu spumă
Baadwann
cadă
Glas
pahar
Waschmaschien
mașină de spălat
Waterhahn
robinet
Fliesen
gresie
lütte Putt
oală de noapte
Waschbecken
chiuvetă

Tante Meier
toaletă

Hockklo
toaletă turcescă

Bidet
bideu

Miegbecken
pisoir

Klopapeer
hârtie igienică

Kloböst
perie de toaletă

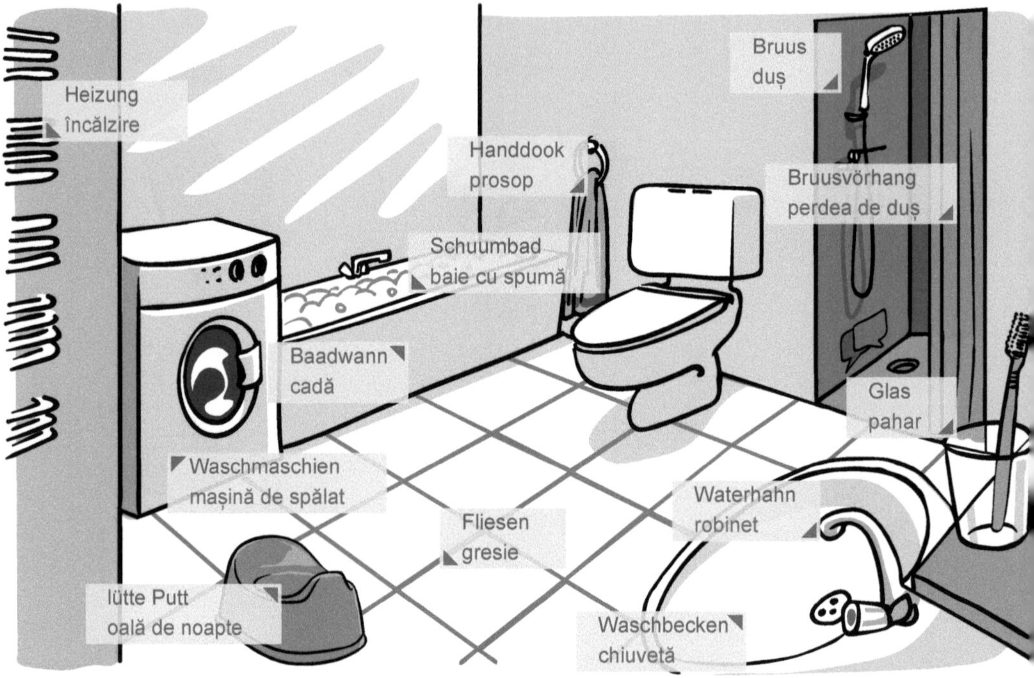

Tähnböst

periuță de dinți

Tähnpast

pastă de dinți

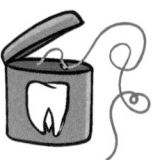

Tähnsied

ață dentară

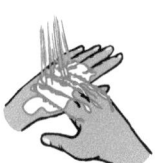

waschen

a spăla

Handbruus

cap de duș

Intimbruus

duș intim

Waschschöttel

lavoar

Rüchböst

perie pentru spate

Seep

săpun

Bruusgeel

gel de duș

Hoorwaschmiddel

șampon

Waschlappen

cârpă de spălat

Afloop

scurgere

Creme

cremă

Deodorant

deodorant

Spegel

oglindă

Kosmetikspegel

oglindă cosmetică

Raserer

aparat de ras

Raseerschuum

spumă de ras

Raseerwater

aftershave

Kamm

pieptene

Böst

perie

Hoordröger

uscător de păr

Hoorspray

fixator

Smink

machiaj

Lippensticken

ruj

Nagellack

lac de unghii

Watt

vată

Nagelscheer

foarfece de unghii

Rüükwater

parfum

Kulturbüdel

neseser

Schemel

taburet

Waag

cântar

Baadmantel

halat de baie

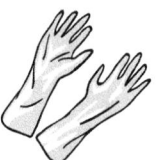

Gummihanschen

mănuși de cauciuc

Tampon

tampon

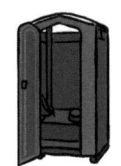

Damenbinn

tampon

Chemieklo

toaletă chimică

Kinnerstuuv
camera copiilor

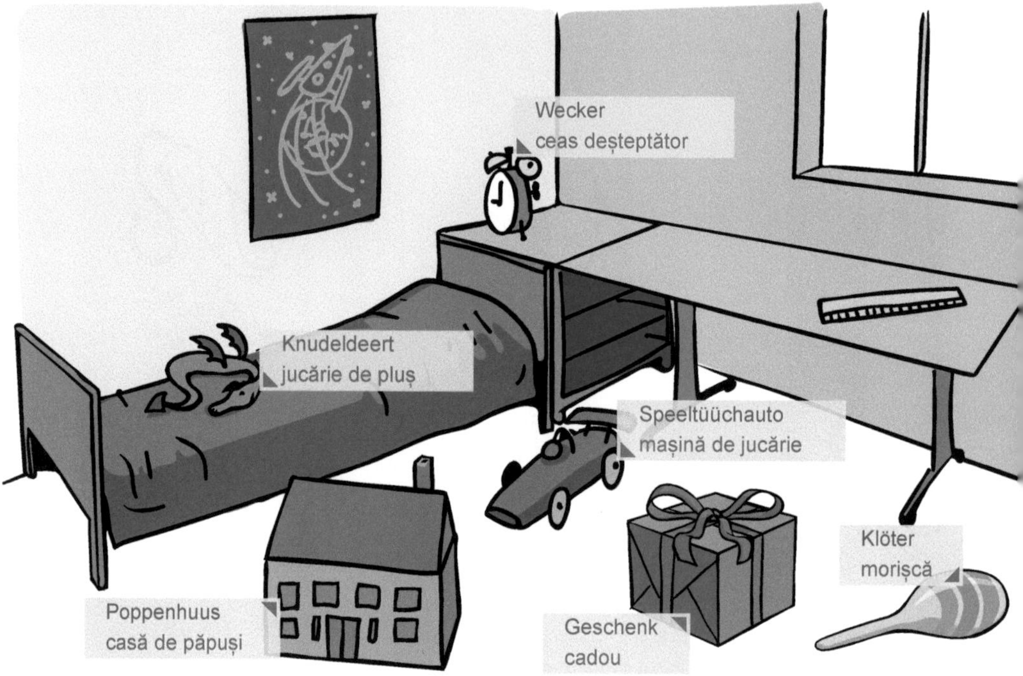

Wecker
ceas deșteptător

Knudeldeert
jucărie de pluș

Speeltüüchauto
mașină de jucărie

Klöter
morișcă

Poppenhuus
casă de păpuși

Geschenk
cadou

Luftballon

balon

Puuch

pat

Kinnerwagen

cărucior de copii

Koortenspeel

joc de cărți

Puzzle

puzzle

Billergeschicht

revistă de benzi desenate

Legostenen

cuburi lego

Bustenen

piese pentru construcții

Action-Figur

personaj din filmele de acțiune

Strampelantog

body

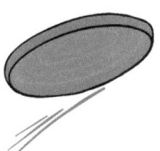

Frisbeeschiev

frisbee

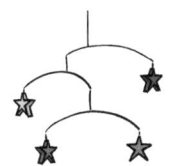

Mobile

mobil

Brettspeel

joc de societate

Wörpel

zar

Modelliesenbahn

set trenuleț de jucărie

Snuller

suzetă

Party

petrecere

Billerbook

carte cu poze

Ball

minge

Popp

păpușă

spelen

a se juca

Sandkassen

groapă de nisip

Schuckel

leagăn

Speeltüüch

jucării

Speelkonsool

consolă video

Dreerad

tricicletă

Teddyboor

ursuleț

Klederschapp

dulap

Tüüch

îmbrăcăminte

Socken

șosete

Strümp

ciorapi

Strumpbüx

dres

Halsdook
șal

Paraplü
umbrelă

T-Shirt
tricou

Liefreem
curea

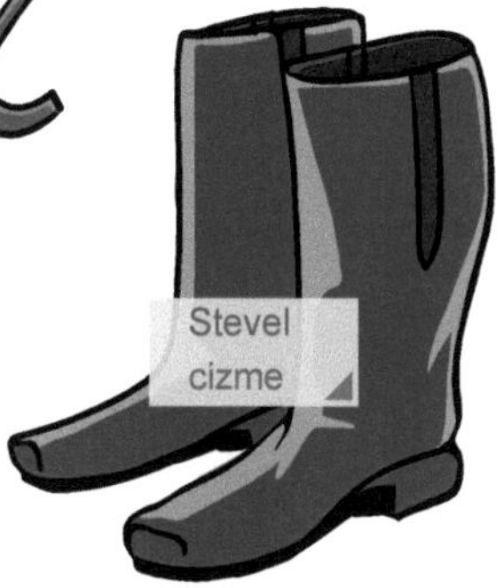

Stevel
cizme

Puuschen
papuci

Turnschoh
pantofi sport

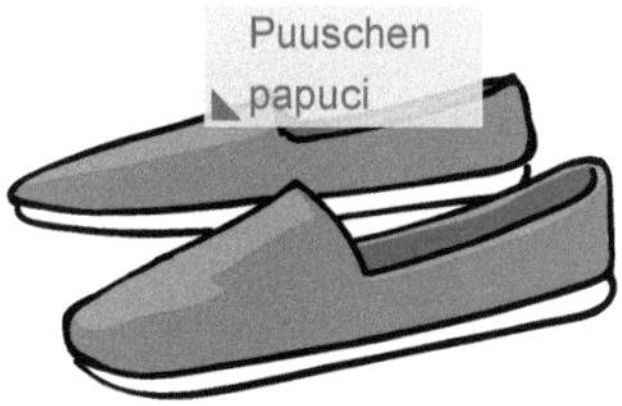

Sandalen

sandale

Schoh

încălțăminte

Gummistevel

cizme de cauciuc

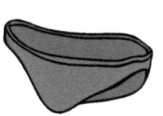

Ünnerbüx

chilot

Bostholler

sutien

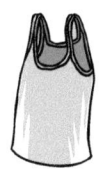

Ünnerhemd

maiou

Lief

body

Büx

pantaloni

Jeansnüx

blugi

Rock

fustă

Bluus

bluză

Hemd

cămașă

Pullover

pulover

Kapuzenpullover

jerseu

Blazer

sacou

Jack

jachetă

Mantel

palton

Övertrecker

pelerină de ploaie

Kostüm

costum

Kleed

rochie

Hochtietskleed

rochie de mireasă

Antog
costum

Nachtkleed
cămașă de noapte

Slaapantog
pijama

Sari
sari

Koppdook
batic

Turban
turban

Burka
burka

Kaftan
caftan

Abaya
abaya

Baadantog
costum de baie

Baadbüx
șort

Korte Büx
pantaloni scurți

Antog to'n Öven
trening

Schört
șorț

Handschoh
mănuși

Knopp

nasture

Brill

ochelari

Armband

brățară

Halskeed

lanț

Ring

inel

Ohrbummel

cercel

Mütz

căciulă

Klederbögel

umeraș

Hoot

pălărie

Binner

cravată

Rietslüter

fermoar

Helm

cască

Drachtband

bretele

Schooluniform

uniformă școlară

Uniform

uniformă

Severböten
....
bavețică

Snuller
....
suzetă

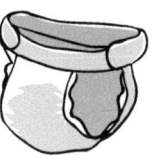

Winnel
....
scutec

Büro

birou

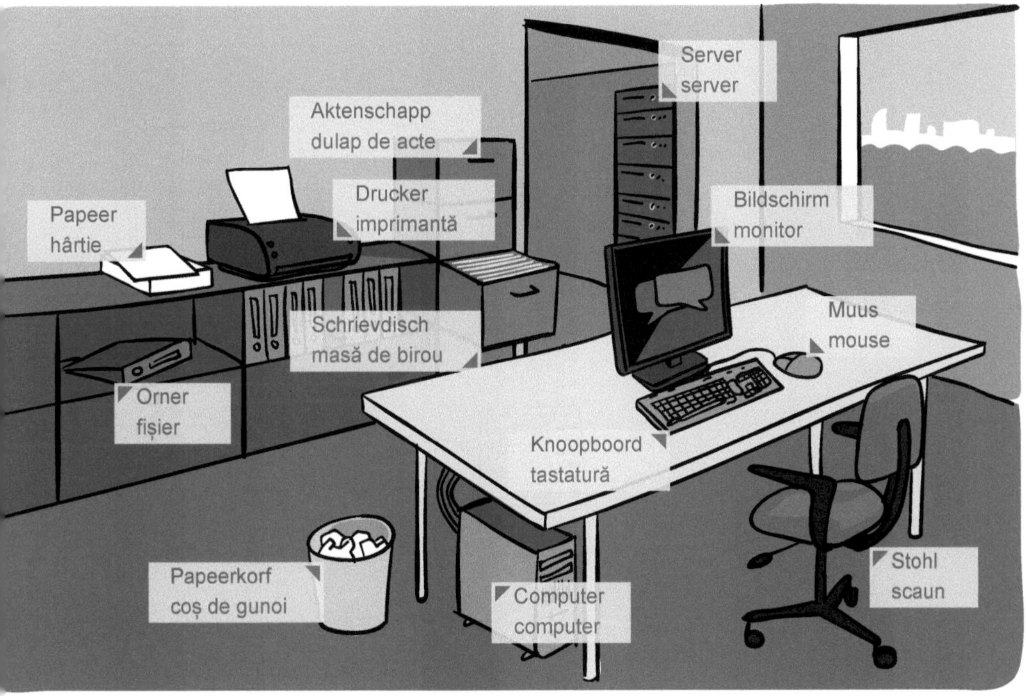

Server
server

Aktenschapp
dulap de acte

Drucker
imprimantă

Papeer
hârtie

Bildschirm
monitor

Schrievdisch
masă de birou

Muus
mouse

Orner
fișier

Knoopboord
tastatură

Papeerkorf
coș de gunoi

Computer
computer

Stohl
scaun

Koffiebeker
....
ceașcă de cafea

Taschenreekner
....
calculator

Internet
....
internet

Klappreekner

laptop

Breef

scrisoare

Naricht

mesaj

Ackersnacker

telefon mobil

Nettwark

reţea

Kopeerapparat

copiator

Software

software

Klöönkassen

telefon

Steekdoos

priză

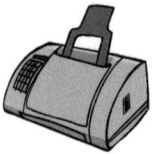

Faxapparat

fax

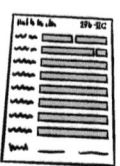

Formulor

formular

Dokument

document

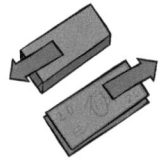

köpen

a cumpăra

betahlen

a plăti

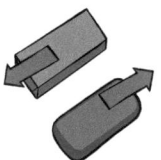

hanneln

a face comerţ

Geld

bani

Dollar

Dolar

Euro

Euro

Yen

Yen

Ruvel

Rublă

Swiezer Franken

Franc Elveţian

Renminbi Yuan

renminbi yuan

Rupie

Rupie

Geldautomat

bancomat

Wesselstuuv

casă de schimb valutar

Gold

aur

Sülver

argint

Ööl

petrol

Energie

energie

Pries

preț

Verdrag

contract

Stüer

impozit

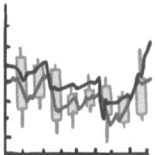

Andeelschien

acțiune

arbeiden

a munci

Anstellte

angajat

Arbeitgever

angajator

Fabrik

fabrică

Hökerie

magazin

Profeschonen

ocupații

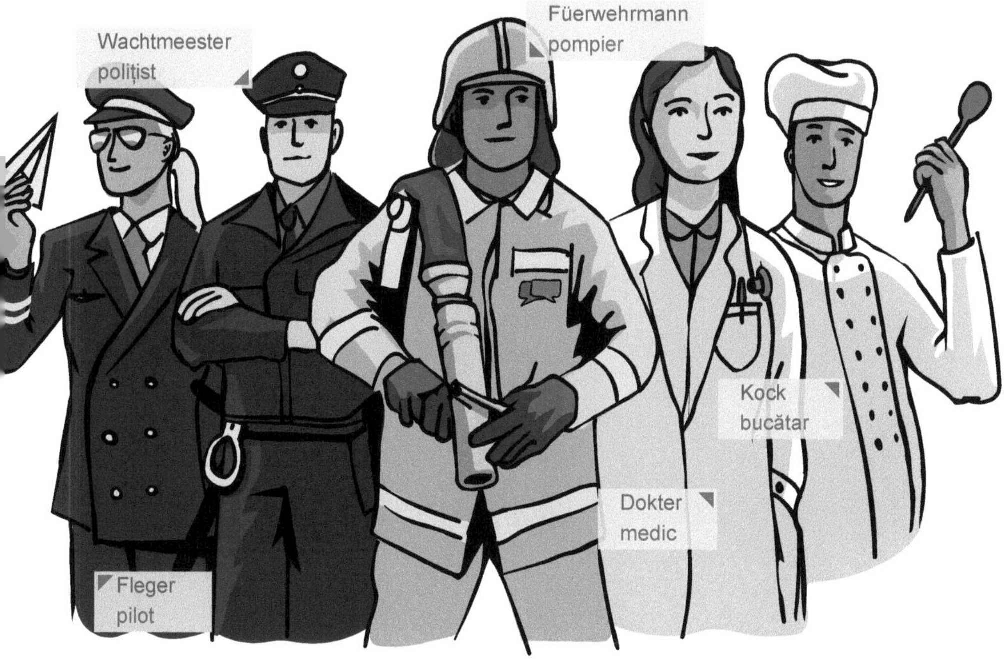

Füerwehrmann
pompier
Wachtmeester
polițist
Kock
bucătar
Dokter
medic
Fleger
pilot

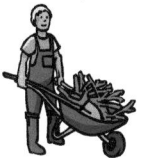

Goorner

grădinar

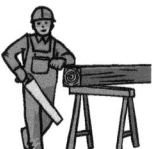

Discher

tâmplar

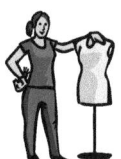

Neihersche

cusătoreasă

Richter

judecător

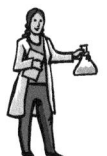

Chemiker

chimist

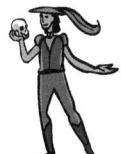

Schauspeler

actor

Busfohrer

șofer de autobuz

Taxifohrer

șofer de taxi

Fischer

pescar

Reinmaakfru

femeie de serviciu

Dackdecker

tinichigiu

Kellner

chelnăr

Jäger

vânător

Maler

pictor

Bäcker

brutar

Elektriker

electrician

Buarbeider

muncitor în construcții

Ingenieur

inginer

Slachter

măcelar

Klempner

instalator

Postbüdel

poștaș

Suldat

soldat

Architekt

arhitect

Kasserer

casier

Florist

florar

Putzbüdel

frizer

Schaffner

controlor

Mechaniker

mecanic

Kaptein

căpitan

Tähndokter

stomatolog

Wetenschopler

om de știință

Rabbi

rabin

Imam

imam

Mönk

călugăr

Paap

preot

Warktüüch
instrumente

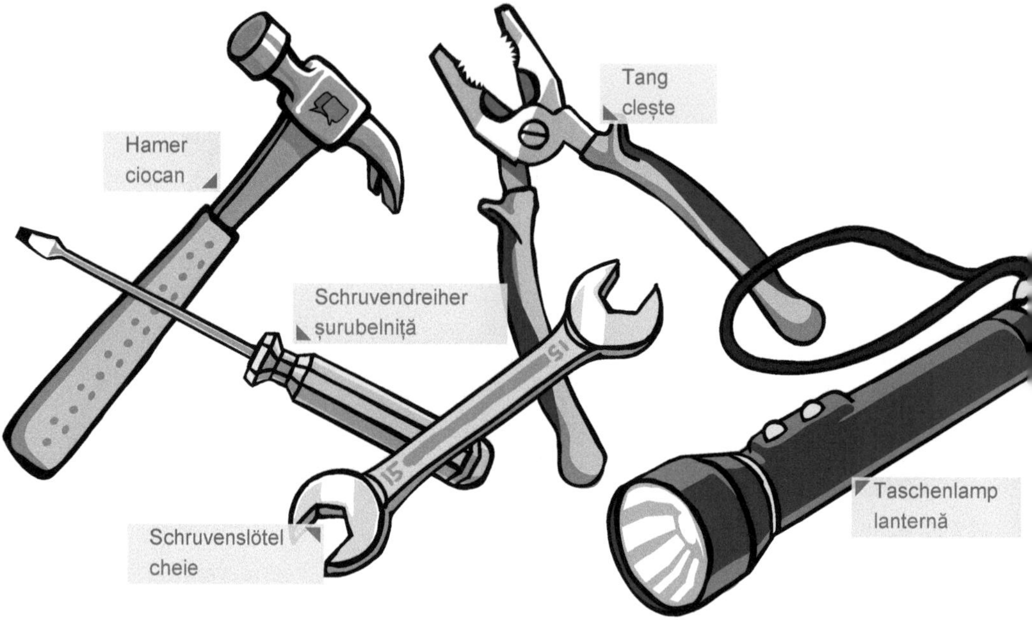
Hamer
ciocan
Tang
clește
Schruvendreiher
șurubelniță
Schruvenslötel
cheie
Taschenlamp
lanternă

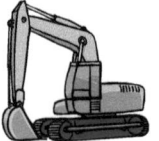

Grieper
excavator

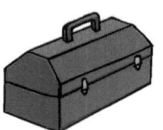

Warktüüchkassen
cutie de scule

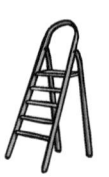

Ledder
scară

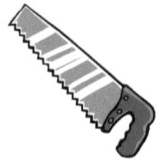

Saag
ferăstrău

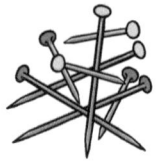

Nagels
cuie

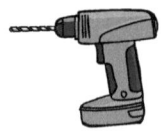

Bohrer
burghiu

heelmaken
a repara

Schüffel
lopată

Schiet!
La naiba!

Kehrblick
făraș

Farvpott
vas pentru vopsea

Schruven
șuruburi

Musikinstrumenten
instrumente muzicale

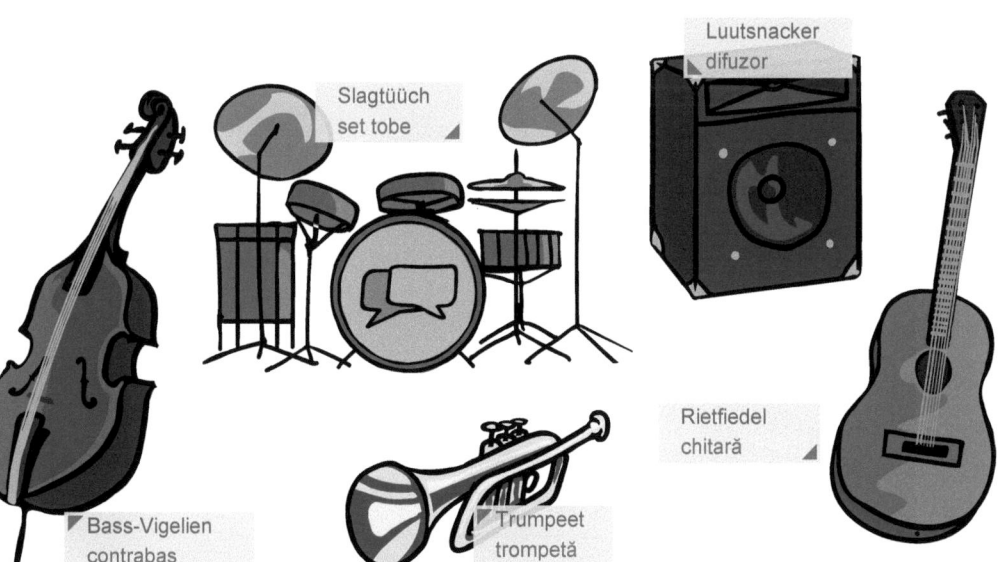

Slagtüüch
set tobe

Luutsnacker
difuzor

Rietfiedel
chitară

Bass-Vigelien
contrabas

Trumpeet
trompetă

Klaveer

pian

Vigelien

vioară

Bass

bas

Pauk

trombon

Trummeln

tobă

Keyboard

keyboard

Saxophon

saxofon

Fleut

fluier

Mikrofoon

microfon

Deertenpark
grădină zoologică

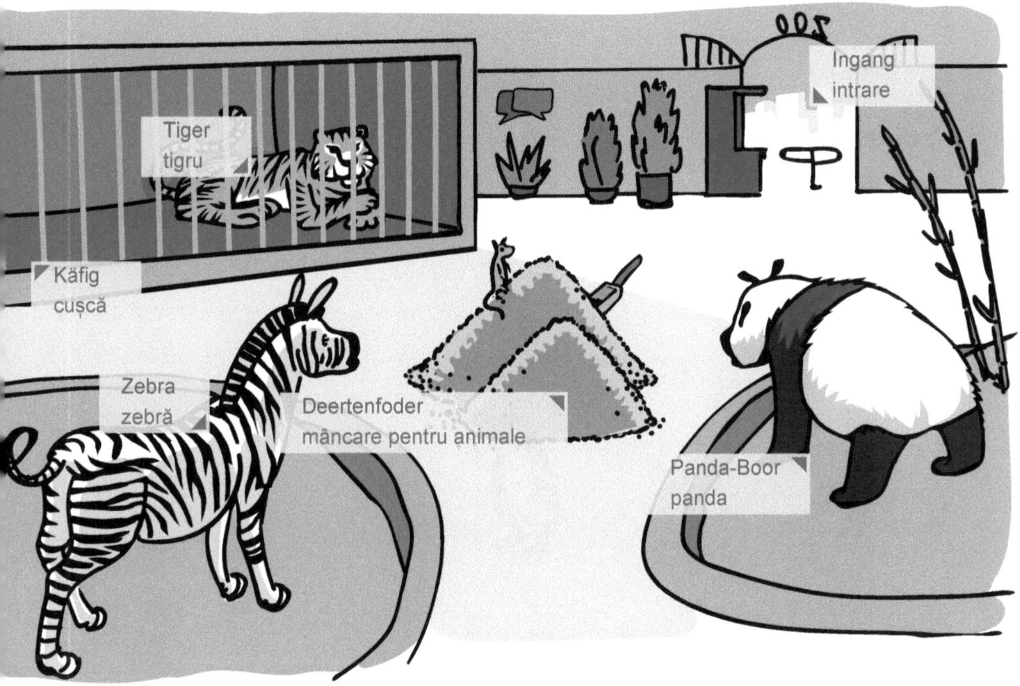
Ingang
intrare
Tiger
tigru
Käfig
cuşcă
Zebra
zebră
Deertenfoder
mâncare pentru animale
Panda-Boor
panda

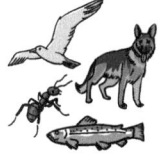

Deerten

animale

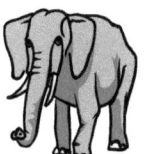

Elefant

elefant

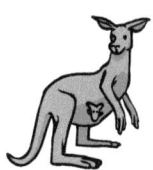

Känguru

cangur

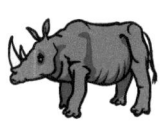

Neeshoorn

rinocer

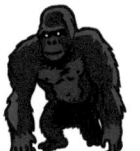

Gorilla

gorilă

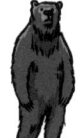

Boor

urs

Kameel

cămilă

Struuß

struţ

Lööv

leu

Aap

maimuţă

Flamingo

flamingo

Papagoi

papagal

Iesboor

urs polar

Pinguin

pinguin

Haifisch

rechin

Pageluun

păun

Slang

şarpe

Krokodil

crocodil

Oppasser in'n Deertenpark

îngrijitor grădina zoologică

Saalhund

focă

Jaguor

jaguar

Pony

ponei

Leopard

leopard

Nilpeerd

hipopotam

Giraff

girafă

Aadler

acvilă

Wildswien

porc mistreţ

Fisch

peşte

Schildkrööt

broască ţestoasă

Walross

morsă

Voss

vulpe

Gazell

gazelă

Amerikaansch Football
fotbal american

Radfohren
ciclism

Tennis
tenis

Korfball
basketball

Swümmen
înot

Boxen
box

Ieshockey
hockey pe gheață

Football
fotbal

Fedderball
badminton

Leichtathletik
atletism

Handball
handbal

Skilopen
schi

Polo
polo

Aktivitäten
activități

springen
a sări
ümarmen
a îmbrățișa
lachen
a râde
gahn
a merge
singen
a cânta
drömen
a visa
beden
a se ruga
snuteln
a săruta

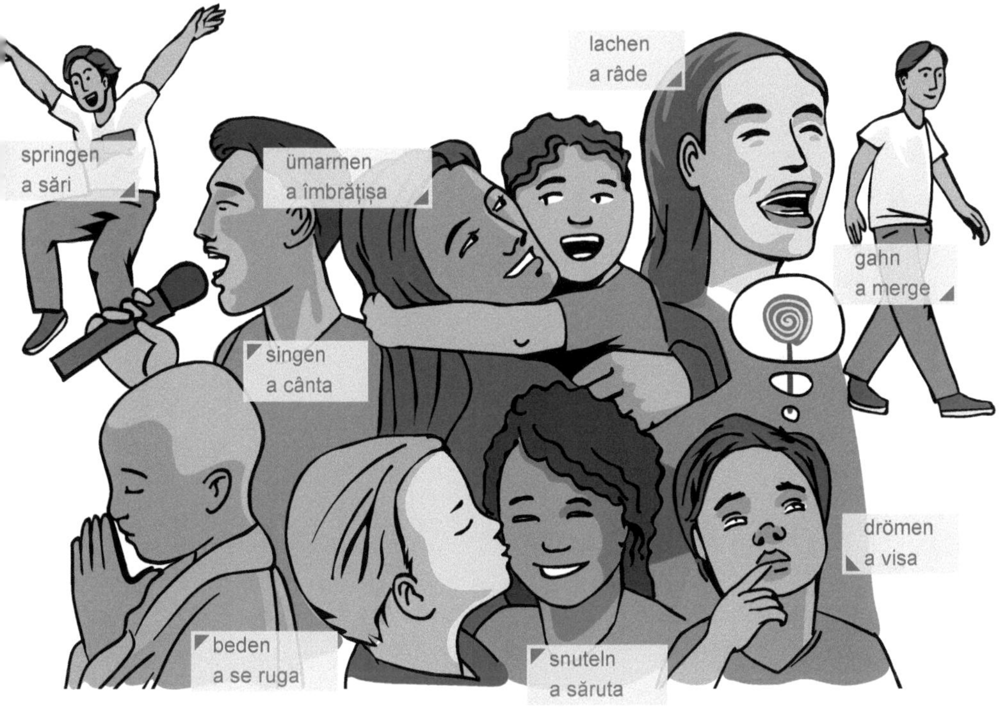

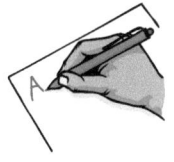

schrieven

a scrie

teken

a desena

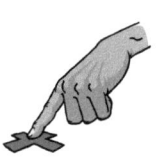

wiesen

a arăta

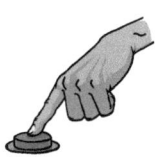

drücken

a împinge

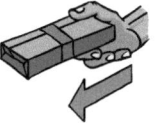

geven

a da

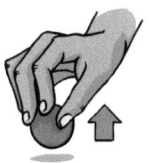

nehmen

a lua

hebben

a avea

doon

a face

sien

a fi

stahn

a sta în picioare

lopen

a fugi

trecken

a trage

smieten

a arunca

fallen

a cădea

liggen

a sta întins

töven

a aștepta

dregen

a purta

sitten

a ședea

antrecken

a se îmbrăca

slapen

a dormi

opwaken

a se trezi

ankieken

a privi

wenen

a plânge

eien

a mângâia

kämmen

a se pieptăna

snacken

a vorbi

verstahn

a înțelege

fragen

a întreba

hören

a asculta

drinken

a bea

eten

a mânca

oprümen

a face ordine

leefhebben

a iubi

kaken

a găti

fohren

a conduce

flegen

a zbura

segeln

a naviga

reken

a calcula

lesen

a citi

lehren

a învăța

arbeiden

a munci

de Plünnen tohoopsmieten

a se căsători

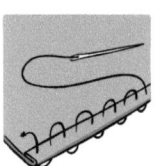

neihen

a coase

Tähnen putzen

a se spăla pe dinți

dootmaken

a ucide

smöken

a fuma

schicken

a trimite

Familje
familie

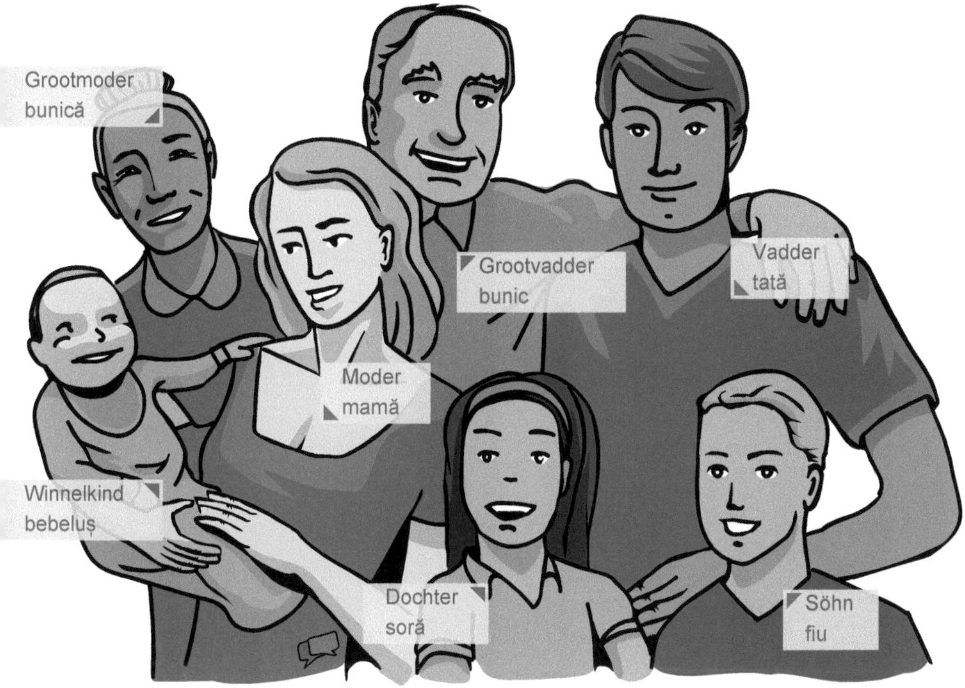

Grootmoder
bunică
Grootvadder
bunic
Vadder
tată
Moder
mamă
Winnelkind
bebeluș
Dochter
soră
Söhn
fiu

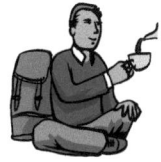

Gast
oaspete

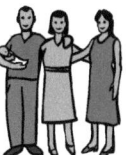

Tant
mătușă

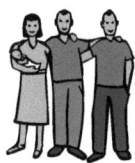

Unkel
unchi

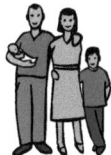

Broder
frate

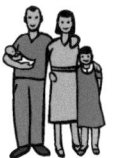

Süster
soră

Lief

corp

Vörkopp
frunte
Oog
ochi
Schuller
umăr
Finger
deget
Gesicht
față
Kinn
bărbie
Hand
mână
Been
picior
Bost
piept
Arm
braț

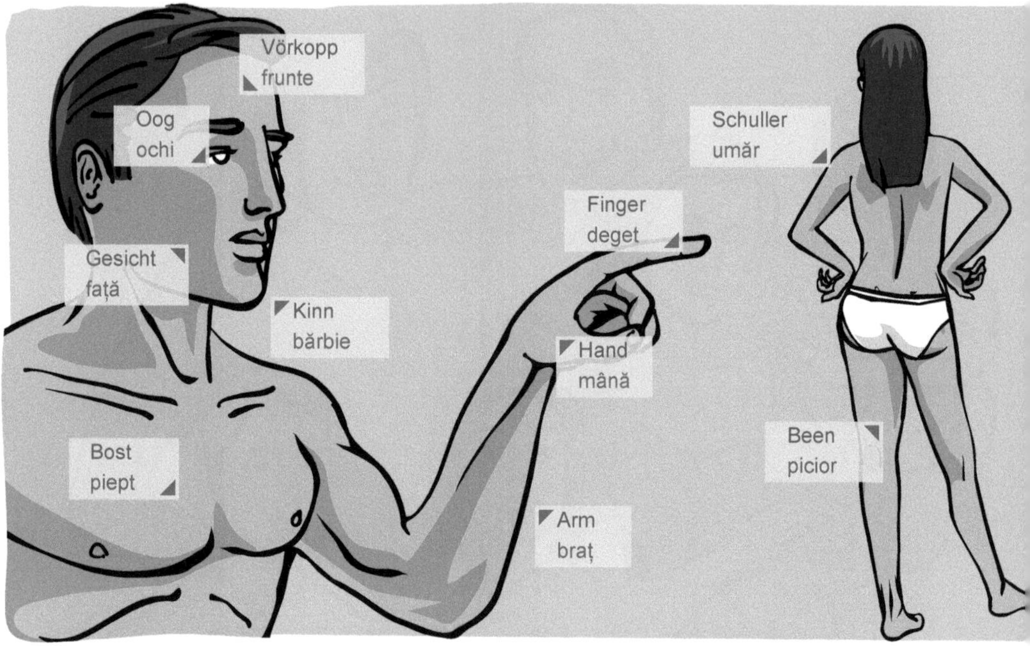

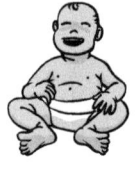

Winnelkind

bebeluș

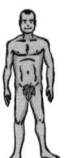

Mann

bărbat

Fro

femeie

Deern

fată

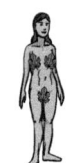

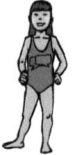

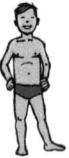

Jung

băiat

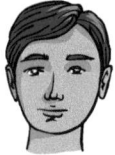

Arm

cap

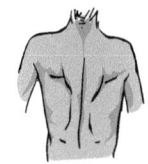	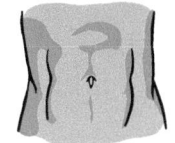	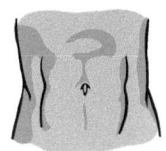
Rüch	**Buuk**	**Navel**
spate	abdomen	ombilic
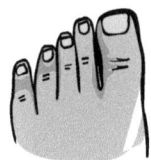	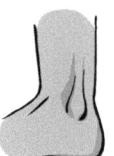	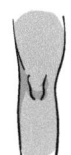
Teh	**Hack**	**Knaken**
deget de la picior	călcâi	os
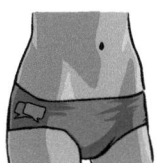	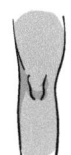	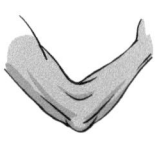
Hüft	**Knee**	**Ellbagen**
șold	genunchi	cot
	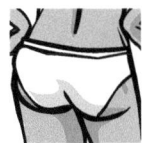	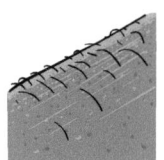
Nees	**Achtersen**	**Huut**
nas	fund	piele
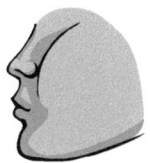	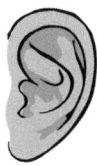	
Back	**Ohr**	**Lipp**
obraz	ureche	buză

Mund

gură

Tähn

dinte

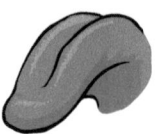

Tung

limbă

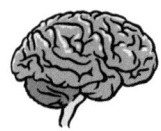

Bregen

creier

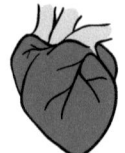

Hart

inimă

Muskel

mușchi

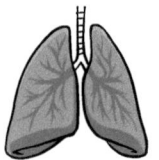

Lung

plămân

Lever

ficat

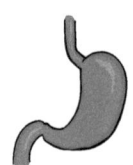

Maag

stomac

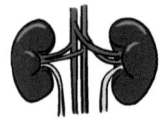

Neren

rinichi

Bislaap

sex

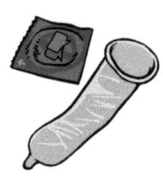

Kondoom

prezervativ

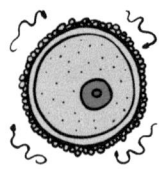

Eizell

ovul

Sperma

spermă

Anner Ümstänn

sarcină

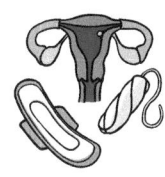

Menstruatschoon

menstruație

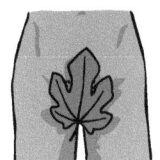

Scheed

vagin

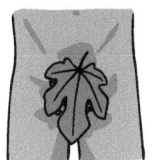

Pint

penis

Ogenbroe

sprânceană

Hoor

păr

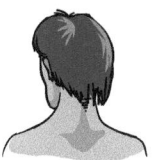

Hals

gât

Krankenhuus
spital

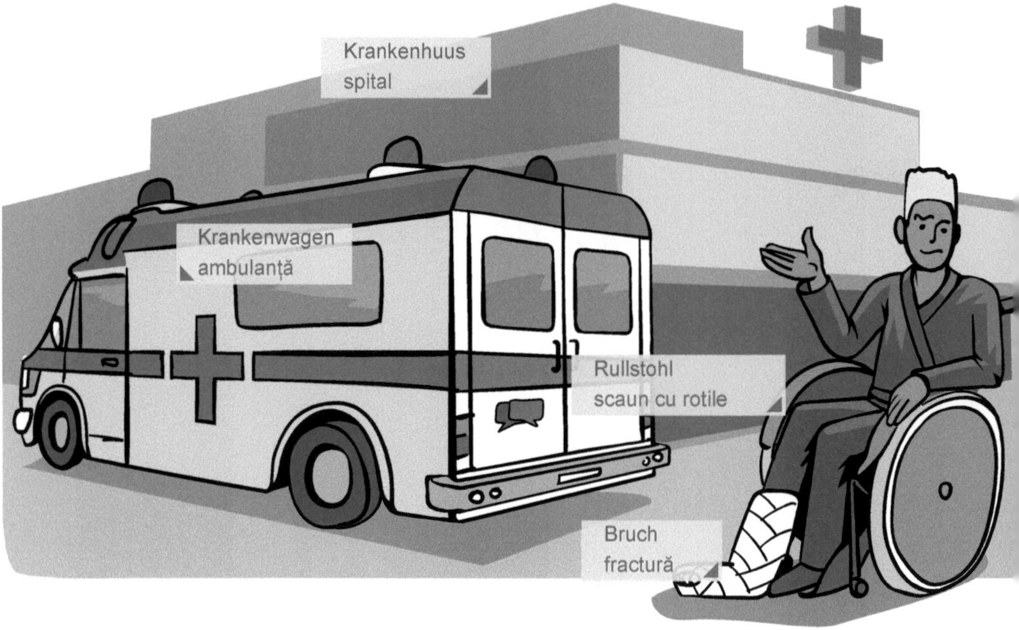

Krankenhuus
spital

Krankenwagen
ambulanţă

Rullstohl
scaun cu rotile

Bruch
fractură

Dokter

medic

Nootopnahm

unitate de primiri urgenţe

Krankensüster

soră medicală

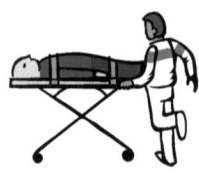

Nootfall

urgenţă

ahnmächtig

inconştient

Wehdaag

durere

Verwunnen

leziune

Blöden

sângerare

Hartinfarkt

infarct miocardic

Slaganfall

atac cerebral

Allergie

alergie

Hoosten

tuse

Fever

febră

Gripp

gripă

Dörchfall

diaree

Koppwehdaag

durere de cap

Kreeft

cancer

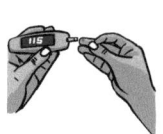

Zuckersüük

diabet

Chirurg

chirurg

Chirurgsch Mess

scalpel

Operatschoon

operație

CT

CT

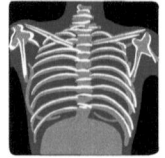

Dörchlüchten

raze Röntgen

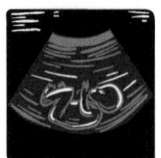

Ultraschall

ultrasunet

Mask

mască

Krankheit

boală

Töövruum

sală de așteptare

Krück

cârjă

Plaaster

plasture

Verband

bandaj

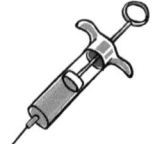

Insprütten

injecție

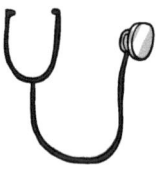

Stethoskop

stetoscop

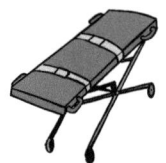

Draag

targă

Feverthermometer

termometru

Geboort

naștere

Övergewicht

supraponderabilitate

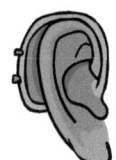

Höörapparat

aparat auditiv

Kiemfriemiddel

dezinfectant

Ansteken

infecție

Virus

virus

HIV / AIDS

HIV/SIDA

Heelmiddel

medicină

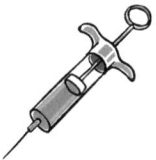

Impen

vaccin

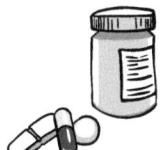

Tabletten

tablete

Pill

pastilă

Nootroop

apel de urgență

Blootdruck-Meter

aparat de măsurare a presiunii arteriale

krank / gesund

bolnav/sănătos

Hölp!

Ajutor!

Alarm

alarmă

Överfall

agresiune

Angreep

atac

Gefohr

pericol

Nootutgang

ieşire de urgenţă

Füer!

Foc!

Füerlöscher

extinctor

Unfall

accident

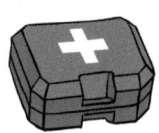

Noothölpkoffer

trusă de prim-ajutor

SOS

SOS

Polizei

poliţie

Europa

Europa

Noordamerika

America de Nord

Süüdamerika

America de Sud

Afrika

Africa

Asien

Asia

Australien

Australia

Atlantik

Altantic

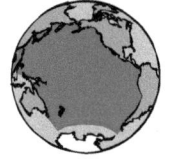

Pazifik

Pacific

Indisch Weltmeer

Oceanul Indian

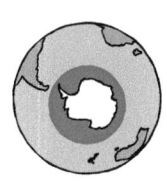

Antarktisch Weltmeer

Oceanul Antarctic

Arktisch Weltmeer

Oceanul Arctic

Noordpol

Polul Nord

Süüdpol

Polul Sud

Antarktis

Antarctica

Eerd

pământ

Land

țară

See

mare

Eiland

insulă

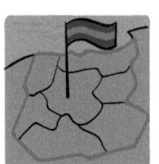

Natschoon

națiune

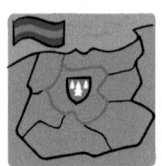

Staat

stat

Tallenblatt

cadran

Stunnenwieser

orar

Minutenwieser

minutar

Sekunnenwieser

secundar

Wo laat is dat?

Cât e ceasul?

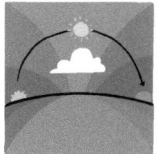

Dag

zi

Tiet

timp

nu

acum

digetaalsch Klock

cead digital

Minuut

minut

Stunn

oră

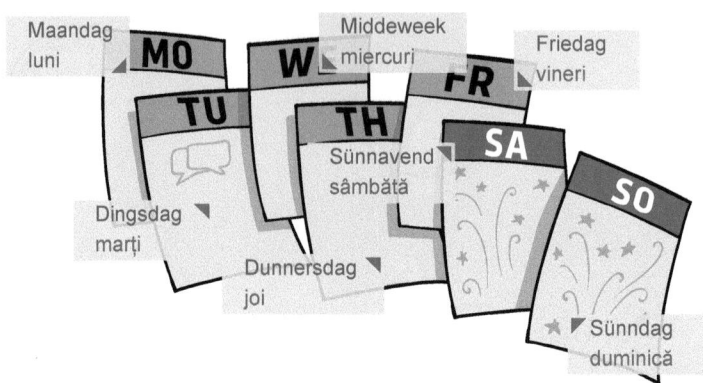

Maandag / luni
Middeweek / miercuri
Friedag / vineri
Dingsdag / marți
Sünnavend / sâmbătă
Dunnersdag / joi
Sünndag / duminică

güstern
ieri

hüüt
azi

morgen
mâine

Morgen
dimineață

Meddag
amiază

Avend
seară

MO	TU	WE	TH	FR	SA	SU
1	2	3	4	5	6	7
8	9	10	11	12	13	14
15	16	17	18	19	20	21
22	23	24	25	26	27	28
29	30	31	1	2	3	4

Arbeitsdaag
zile lucrătoare

MO	TU	WE	TH	FR	SA	SU
1	2	3	4	5	6	7
8	9	10	11	12	13	14
15	16	17	18	19	20	21
22	23	24	25	26	27	28
29	30	31	1	2	3	4

Wekenenn
week-end

Johr
an

Regen
ploaie
Regenbagen
curcubeu
Wind
vânt
Snee
zăpadă
Fröhjohr
primăvară
Sommer
vară
Harvst
toamnă
Winter
iarnă

4.APRIL 11°
5.APRIL 4°
6.APRIL 13°
7.APRIL 8°
8.APRIL 10°

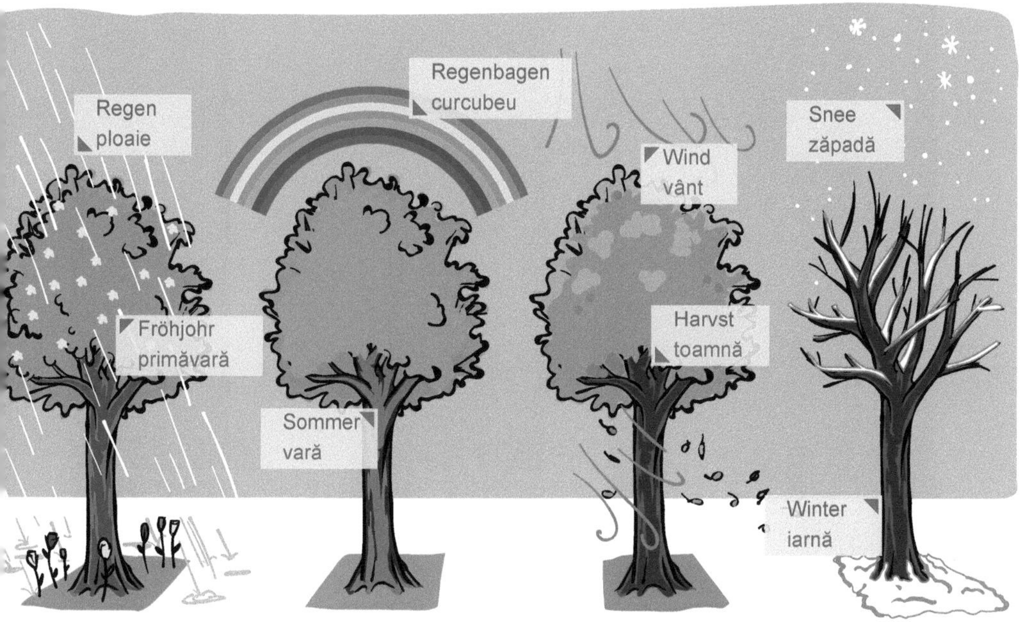

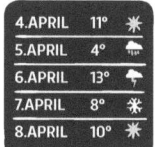

Wedervörhersaag
....
prognoză meteo

F
C
120
90
60
30
0
-30
40
30
20
10
0
-10
-20

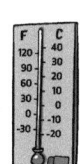

Thermometer
....
termometru

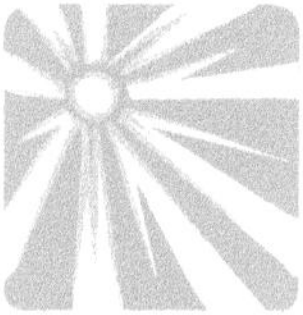

Sünnenschien
....
lumina soarelui

Wulk
....
nor

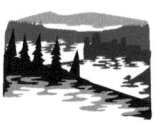

Nevel
....
ceață

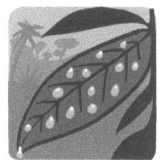

Luftfuchtigkeit
....
umiditate a aerului

Blitz

fulger

Dunner

tunet

Storm

furtună

Hagel

grindină

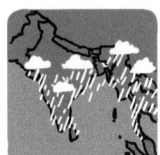

Monsun

muson

Floot

inundație

Ies

gheață

Januormaand

ianuarie

Februormaand

februarie

Martmaand

martie

Aprilmaand

aprilie

Maimaand

mai

Junimaand

iunie

Julimaand

iulie

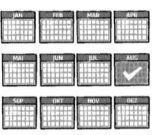

Augustmaand

august

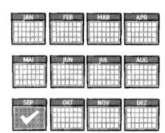

Septembermaand
septembrie

Oktobermaand
octombrie

Novembermaand
noiembrie

Dezembermaand
decembrie

Formen
forme

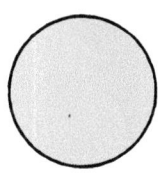

Krink
cerc

Quadrat
pătrat

Rechteck
dreptunghi

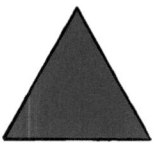

Dreeeck
triunghi

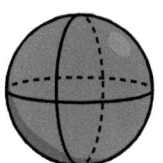

Kugel
sferă

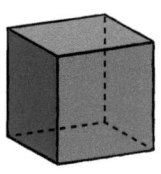

Wörpel
cub

witt
....
alb

geel
....
galben

orangsch
....
portocaliu

pink
....
roz

root
....
roşu

lila
....
violet

blau
....
albastru

gröön
....
verde

bruun
....
maro

gries
....
gri

swart
....
negru

veel / wenig

mult/puțin

böös / verdreeglich

furios/calm

smuck / mies

frumos/urât

Begünn / Enn

început/sfârșit

groot / lütt

mare/mic

hell / düüster

luminos/întunecat

Broder / Süster

frate/soră

schier / schietig

curat/murdar

kumpleet / nich kumpleet

complet/incomplet

Dag / Nacht

zi/noapte

doot / lebennig

mort/viu

breet / small

lat/strâmt

geneetbor / nich geneetbor

comestibil/necomestibil

böös / fründlich

rău/prietenos

fickerig / langwielt

emoționat/plictisit

dick / dünn

gras/slab

toeerst / toletzt

primul/ultimul

Fründ / Fiend

prieten/inamic

vull / leddig

plin/gol

hart / week

tare/moale

swoor / licht

greu/ușor

Smacht / Döst

foame/sete

krank / gesund

bolnav/sănătos

nich na't Recht / na't Recht

ilegal/legal

klook / dummerhaftig

inteligent/stupid

linkerhand / rechterhand

stânga/drepta

neeg / feern

aproape/departe

nieg / bruukt
....
nou/uzat

nix / wat
....
nimic/ceva

oolt / jung
....
bătrân/tânăr

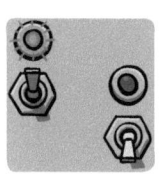

an / ut
....
pornit/oprit

apen / slaten
....
deschis/închis

lies / luut
....
încet/tare

riek / arm
....
bogat/sărac

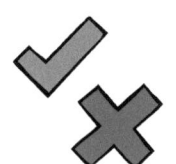

richtig / verkehrt
....
corect/fals

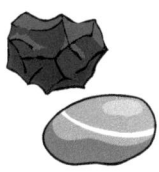

ruug / glatt
....
aspru/neted

trurig / glücklich
....
trist/fericit

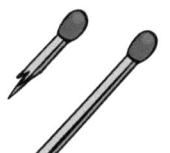

kort / lang
....
lung/scurt

suutje / flink
....
încet/repede

natt / dröög
....
ud/uscat

warm / köhl
....
cald/rece

Krieg / Freden
....
război/pace

0

null

zero

1

een

unu

2

twee

doi

3

dree

trei

4

veer

patru

5

fief

cinci

6

söss

șase

7

söven

șapte

8

acht

opt

9

negen

nouă

10

teihn

zece

11

ölven

unsprezece

12

twölf

douăsprezece

13

dörteihn

treisprezece

14

veerteihn

paisprezece

15

föffteihn

cincisprezece

16

sössteihn

șaisprezece

17

söventeihn

șaptesprezece

18

achtteihn

optsprezece

19

negenteihn

nouăsprezece

20

twintig

douăzeci

100

hunnert

o sută

1.000

dusend

o mie

1.000.000

million

un milion

Engelsch

engleză

Amerikaansch Engelsch

engleză americană

Chineesch Mandarin

chineza mandarină

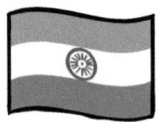

Hindi

hindi

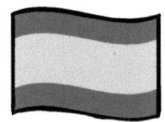

Spaansch

spaniolă

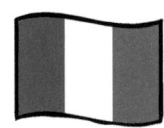

Franzöösch

franceză

Araabsch

arabă

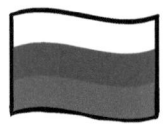

Rusch

rusă

Portugiesch

protugheză

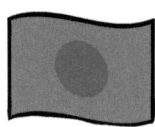

Bengaalsch

bengaleză

Düütsch

germană

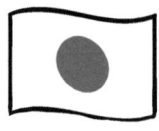

Japaansch

japoneză

ik
eu

du
tu

he / se / dat
el/ea

wi
noi

ji
voi

se
ea

keen?
cine?

wat?
ce?

woans?
cum?

woneem?
unde?

wannehr?
când?

Naam
nume

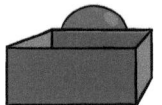

achter

în spate

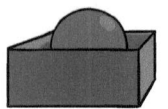

in

în

vör

înainte

över

peste

op

pe

ünner

sub

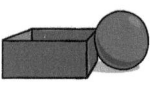

blangen

lângă

twüschen

între

Oort

loc